El canto de mis versos.

Rafaela Mila

Este libro fue impreso en Estados Unidos
Copyright Rafaela Mila
 ISBN: :978-0-359-80316-3
Diseño de portada: Rafaela Mila
Maquetación y Orto tipografía: Rafaela E Mila Iborra
felitashere@hotmail.com
Primera Edición

Julio 2019

Editorial

ISBN: Austin, Texas, EE.UU

Prólogo.

Estimado lector este libro esta impregnado de hermosos versos que como una flecha literaria da la estocada perfecta en cada estrofa. El canto de mis versos es como un ruiseñor que es inspirado por mi alma. En mi alma nacen las voces que hace bramar el verso en la misma esencia que canta mi ser.

Entonces en un respiro mis dedos como lirios plasman los versales sentidos que palpitan desde mi corazón al papel .

Así es la bohemia de mis versos cuando su canto sereno hace su entrada al amanecer.

Son   creaciones líricas únicas y de gran belleza. Cada verso que esta escrito es una gran parte de mi alma y es asi como nace **"El canto de mis versos"**

Rafaela Mila.

Noche estrellada.

La noche estaba estrellada
y con el velo del viento,
mis ojos se posaron en el cielo
para poder recordar aquella alborada
donde la rabia y el dolor
se reflejaron en tu mirada.

Tus ojos llenos de amargura,
lloraron lágrimas salvajes
y volaban como las aves
que miro en este oscuro cielo.

Tus lágrimas como tormento en flor
se mecían en tu rostro
y unos tristes gélidos lamentos
salían de tu boca abrumadora.

Por eso hoy voy tirando las cadenas
y suelto en el mar todas mis penas,
esas culpas que se abrazan a mi alma
hoy las suelto a la cálida brisa
para que retorne la calma.

Amado mío.

¡Oh, amado mío!
Las muchas aguas,
nunca apagaran este amor
que como sello incrustado,
Cristo ha bendecido
con las brasas de lo divino.

¡Oh amado, mi amado!
Hoy se levanta la bandera que corona
los sueños de nuestras almas
a la voz del que viene
con ungüentos para los que aman.

Atrevida invitación.

Le cuento un secreto amigo
por si un día de festejos,
está usted un poco entristecido,
y desea ir a mi templo
y mirarme de soslayo.
No privarse de excesos
yo no le aconsejo hacer.
Tengo dolor por su agobio
si no pone usted empeño,
para entrar con valentía
a la alcoba del entierro.
No se intimide por nada
solo sea usted discreto.
Debe saber amor mío,
que los amores sedientos,
con mañas lo harán sufrir
así que entrene su acero
por la guerra prometida,
si va hasta mis aposentos
lo esperaré calladita
con mis placeres envueltos.
Hombre... ¡Que no tenga miedo!
¡No se me quede usted, viendo!
¡Que no le haré ningún daño!
Solo beber del añejo
es lo único que he pensao.
Pero... Si acaso es complejo
porque el ave no despierta,
no se alarme que yo entiendo
que el reloj marcha hacia atrás
como lo hace el cangrejo.

Tu sabor.

Se germina en la piel
un eterno poema
que va saliendo de las entrañas,
con orgasmos masivos
y renace una y otra vez.
Es lava candente de fuego
que atrapa todo en mi interior
y no sé si es la seducción
de un amor prohibido,
que se detiene a cada hora
en el aroma perpetuo de su partida.
Y yo borracha de su néctar y silueta,
no pienso, no duermo, no doy guerra
con mis sentimientos ardorosos,
por el sabor a canela
que va dejando en mis secos labios.
Lujuria que en el pensamiento
me deja alicaída
porque ya no estas aquí.

Y...

Mientras tanto,
va alucinando mi alma
en la prisa soledad.
Veo tu mirada que me sigue
y voy tropezando con tu risa de vanidad.
Mi mente, se recrea una y mil veces,
recuerda tu rostro,
y te observo desde muy cerca.
Hoy, volveré a ese parque
donde acariciabas mis cabellos,
besabas mis manos,
y me jurabas amor eterno.
Hoy borrare el corazón con iniciales
de nuestros nombres
que incrustamos en el pobre árbol,
que con lágrimas espesas
se alegró tanto de lo nuestro.
Hoy liberare de ataduras
mi corazón y rompo el velo
a mi ceguera de amor.

Huellas.

Con un desahogo en la cama
se desatan todos mis infiernos
y con fuertes marejadas
se complace mi cuerpo en el espejo.
Me voy perdiendo en mis labios
que añoran tu presencia
y muy llenos de agravios
maldicen tu ausencia.
Voy oliendo unos claveles rojos
que rejuvenecen mi piel
porque mi alma necesita
el sabor de tu rica miel.
Perdida en las huellas del sufrimiento
Y en los rincones de la pena
como gorrión herido
mi lumbre se envenena.
Mi alma clara e inocente
se va regenerando
como el sol naciente
con el recuerdo de un beso abrumado
perdido en un rincón de mi.

Hostigado el corazón.

Hostigado el corazón
mendigo y malherido
va incitándome a la razón
por todo lo que ha sufrido.

Es candorosa la obsesión
cuando el orgullo se ha ido,
necesaria es la protección
para un amor desvalido.
Se resiente, se obstina,
aunque penurias lo maten,
la mente eleva cortina
por dolores que la abaten.

Ausente, inerte a la vida
va abrazando el sufrimiento,
reclamando su partida
embistiendo todo el pensamiento.
Entonces oscura el alma,
lánguido y el corazón,
va implorando mucha calma
con gran súplica y oración.

¡Levántate!

Mi patria sufre.
Alguien cambio su sonrisa por la muerte,
la represión se ha convertido
en aliada del yugo que la oprime.
Sufre con esclavitud,
sufre porque quienes la oprimen
se ríen de su historia,
se ríen con burlas prehistóricas.
Se ríen como si los muertos
en los campos de batallas no se fueran a levantar.
La mano que oprime mi patria
anida el fuego diabólico en sus entrañas.
¡Es Hades!
Con lluvias y truenos dudosos
abraza con alevosía su garganta.
La paz se esconde audaz en la oscuridad.
Y... Un día se levantará y gritará;
A voz de cuello;
¡Al machete!
Porque morir por la patria es vivir.
Mi patria no es muda a la injusticia,
y su rosa blanca todavia cultiva la bondad.

¡Despertará la paz!

La paz se duerme cada día
con cánticos de sombras.
Y quebrantados sus brazos están.
La paz va muriendo a cada segundo
ella está ausente en cada corazón.
El látigo redobla sus golpes
y por los temores no alza su voz.
Se ahoga en cada pecho que sufre
por fusiles que amedrentan su voz.
Pero una gran parte de ella no descansa
en lo más profundo de su ser.
Ella se levantará un día, una mañana,
con los rayos del nuevo amanecer
y luchará por su victoria.
¡Porque la paz ha de volver!

Amor blanco.

Te siento, te amo, te adoro.
Eres mi gran tesoro,
eres mi sonreír.
Lo más hermoso de mí existir,
Mi amor vuela alto como el viento
Es amor romántico e inocente,
tan fiel y difícil de encontrar en este mundo.

Mi amor puro y profundo
amor que es apasionado,
cómo él que jamás se ha encontrado.
El se sumerje en los bellos sueños
con cantos que despiertan
de gozo y complacencia.

Es un amor blanco
que se viste de gala
y en las noches se engalana
con las gotas del rocío
tan frescas y delicadas.

Amor como en los cuentos de hadas
que si algún día este amor
decidiera que debe partir,
espero que al menos me deje
su alegría en mi.

Pienso en ti.

Y voy pensando en ti cada día
porque eres el amor de mi vida,
mi mundo y mi dulce suspiro,
la razón por la cual respiro.
Pienso en ti...
Y me siento tan cerca de ti
que se alivian mis heridas,
mis penas y tristezas.
Amor...
Muchas veces te empiezo a extrañar
ya que me invade un cruel silencio
inaguantable por la soledad
que lo cubre todo con su frialdad,
por eso pienso en ti todo el día.

Amor frío.

El frío de sus palabras
van paralizando mi cuerpo
cubriéndolo con una blanca escarcha,
que lo hunde en medio de la tristeza
y sucumbe en un mar de añoranzas.
Mi amor piensa en esos días
cuando me decías:
¡Tú eres alma mía!
Pero que poco duró ese canto de amor.
Pero podré nunca olvidar
Como podré olvidar este sentir
si fuiste mi gran pasión
quien dio luz a mi corazón
llenándolo de loco amor.

Y maldice mi corazón desesperado
muy juntito a la luna,
en un cielo sin estrellas,
qué está en medio de tinieblas.
Mi amor reclama su amor frío
muy triste y angustiado,
porque la pasión le ha abandonado.

¿Sabes que escondo amor?

¡En mi jardín escondo melancolía!
Una dulce melancolía
que huele a blanco jazmín
Melancolía por tu mirada,
melancolía por tu sentir.
Escondo ocultando el rostro,
para no revelar mi pena
porque soy como avecilla indefensa
vulnerable por el frío.
Soy la dulzura y melancolía
de una música perdida en el viento.

Es melancolía que entona su emoción
en la belleza del silencio,
la melancolía con fe,
que abraza muy fuerte su cruz.
Esa melancolía como alegoría
que no puede ocultar sus lágrimas.
Y es obsequiada por la gloria de Dios
abriendo sus alas al amor.

Soleá.

Al dormir todas las flores
y caídas son las hojas
llegan muchos carretones.

Con gritos y algarabía
por caminos van rodando,
al compás de bulerías.

Vienen gitanos bailando
con sus penas y alegrías,
y llegan todos cantando.

Con ese gran bailoteo
y ritmo que nos contagia
con voz de campanilleros.

Vienen de tierras lejanas
haciendo tremenda bulla,
y todos gritan, gritan...

Soleá, si, Soleá.

Nos enamora la vida.

La vida enamora con los cantos
cuando cada mañana el sol nace
me visto con el plumaje de tantos
pájaros que al norte van y yacen,
y danzo al son de los de Oriente
con su ritmo voy moviendo mi vientre.

Cada día la vida seduce con el vuelo
de cientos gaviotas en la playa
con listones negros como pañuelos
y estan muy ansiosas por volar.
Yo no sé adonde vayan,
solo sé, que son como un canto de amor,
porque en su pico llevan una flor.

Y cuándo llegue la noche helada
ellas van a querer regresar a la playa
con sus ilusiones coloreadas,
por el amanecer que no desmaya.
Y al otro día de nuevo, al sol
buscando los secretos del caracol.

Un acróstico para mamá.

M iel de besos y dulce pasión
A mor perpetuo y admirable,
D igna es tuvoz que nos calma,
R azonable e inquebrantable,
E res el ser que nos ama.

A veces...

Mi voz se transfigura
y el silencio palpita en mis labios,
es el grito callado en años
que declara la guerra
a mi yo dañado.

A veces ese silencio afilado
se adhiere a mi pecho ahorcado
transformando mis sueños en pausas
con el grito que vive amargado.

Entonces todo es como un dolor marcado
que blinda mi silencio muy apagado,
haciendo hervir toda mi sangre
cuándo mi enojo agrietado
ventila todo ese grito pasado.

Y... Era.

Y... Era una tímida noche
bella y lejana,
una de esas noches
donde se esconde
la alegría del amor.
Entonces la seductora luna
lucia entre las sombras
su hermosa cara
con una inocencia bravía.
Y... Eran los luceros que titilaban
un sabio salmo
meciendo entre las sombras
sus viejos sueños.
Y... Era una noche tan tímida
donde se ocultaba el amor,
el amor de los ojos
que mora escondido en el corazón.

En medio de la tristeza.

No concibo llorarle al viento
porque se lleva mis lágrimas,
no concibo tal desdicha
cuando resuena la añoranza.
Pero el viento, es cruel y traicionero
y me susurra fuerte al oído
deslizándose con embrujo
por mi piel de tristeza.
Y yo me convierto en blanca luna
en medio de las tinieblas
con la luz de tus ojos
cuando el viento se impregna en mi alma.
Y así un triste gozo,
y una melancólica lágrima
se me muere a media cara.

Cuando pasa el tiempo.

Cuando pasa el tiempo la candidez se pierde,
ya no deseamos tanto ser mayores
pues vemos el futuro son temores.
Entonces cuando somos grandes
deseamos volver a nacer,
queremos más tiempo de inocencia
porque no nos cabe en la cabeza
que la vida es todo conciencia.

Cuando grandes nuestra alma
se va quedando desnuda
por el temor y el fracaso
cuando sufrimos en el día a día.
Y yo pienso que en esta vida
nada puede pasarnos
si nos abrazamos a Dios
y tomamos su mano con alegría
para seguir disfrutando del amor.

Y...Yo sonrío.

Todos se ríen de mis desvarios.
He caminado,
con algunas risas a mi espalda,
y he muerto de frío
en lo profundo de sus risas.
Ríen a carcajadas de mis desvarios
pero yo,
me río de ellos en mi soledad,
sonrío,
de esas mentes sin imaginación
con su falta de fantasías
y de risas alegres
con intenciones macabras.

También me río mucho de mí
por mi mente canalla
aquí esta juzgando.
Y mi mente es igual
que solo se ríe de sus batallas
cuando las ha ganado ya.
También me río con un lenguaje ufano
de esas falsas verdades
que me rodean todo el día.
Y río y sonrío yo,
de esta alma bella
que habita dentro de mí.

La pluma.

Se mecía en el tiempo una pluma
que rauda y veloz
en el tiempo voló.
Era inútil sujetarla
porque entre las lineas y cuartetas,
volaba disfrutando del ocaso
porque por ahí reinaba su paz.
La pluma huía de un gentil beso
con sabor a brisas de mar
y aromas agridulces
que la mecian en el desespero.
La pluma volaba buscando el amor
para sus días tristes,
volaba en la frescura
de la aurora que se abrazaba a un poema
o en el perfume de una flor
que se moría a deshora.
La pluma voló y voló,
buscando su paraíso del Edén
porque por placeres de la vida
un corazón la dejó de querer.

¡Arrulladme!

Arrulladme como el viento juguetón
arrulla las espigas doradas en el campo.
Como a esos pajarillos que vuelan alto,
tan alto que solo tú puedes alcanzar.

Arrulladme como los soles de primavera
arrullan la flor blanca y quebrada.
Arrulladme como la noche callada
que parece perdurar al final de esa estrella.

Arrulladme Dios y ve sofocando cada dolor
por los suspiros perdidos en el amanecer,
que cada día se llenan de lágrimas
y limpian mi rostro por el desamor.

¡Arrulladme Dios!
A que no se marchite mi alma adormecida
en lo profundo de mi ser,
porque solo tu arrullo calmara mi sed
por el agotamiento y mis ganas de no poder.

Con mis alas rotas.

Vestida de hiel y sangre
contemple el anochecer
y tu sonrisa amarga
resonó en mi ser.

Había lágrimas de dolor
que humedecían mi cara,
palabras que resonaban en mi cabeza
de que todo se perdía en la nada.
Y... Tu voz tan serenada
jugaba a ser inquisidora
en la noche sosegada
que moría por ti ahora.

Tantos años de dolor
marchitaron un poco mi corazón.
pero una luz llegó para hacerme el amor.
Y esa luz postrera
llevó la libertad a mi vida
Entonces remendé mis alas rotas
bajó la calida luna
limpié   las gotas de mi cara
y me dije:
No sufras que todavia hay un mañana.

En el tiempo.

En el eterno silencio de la noche
se desvanecen los sueños del amor,
allí una joven mujer sufre
como la flor que mengua
con aroma en el árido desierto.

La magiuía se ha perdido
y hoy lloran los agrios sentidos
por la traicción que cobija
a esta joven mujer en todo su ser.

Su mirada es como la estación,
muy fria y sin colores
y en su pelo enrroscado
como un espiral va repleto sueños
un clavel azulino que se aferra a la vida,
aunque su vida se marchita
como lo hace hoy la primavera.

Días inciertos.

En estos días inciertos
cuando nace la mañana
los sueños tocan los tiempos
con sus febriles rebeliones.
Los sueños cada día
se visten con valores
por la fuerza del amor
y las conquistas.
Ellos son atrapados
en una trémula frontera
donde muere la esperanza
y el futuro cambia vidas
con el olor a muerte en sus entrañas.

Estas ahí.

En medio de la noche,
estas ahí...
Persiguiendo rincones
como las ausencias melancólicas.
Estas ahí buscando mis alas,
buscando mi destino.
Caminas en puntitas
acariciando el verso,
sin rumbo fijo.

Estas ahí,
en medio de mis sueños
como pintura abstracta,
abriéndote en la vida
con óleos de otoños
y amores muertos...

En un lugar en el tiempo.

Callan mis pasos en el umbral de la noche,
y mi silueta se entorna
hacia la ventana.
Un manto estrellado brilla en lo alto
y una doncella como un espejo
se refleja en mi cara.
En el horizonte,
visualizo las luces de la ciudad
y una música de un saxo
perdido en el tiempo
llega a mi viente y me estremece.

No nos queda tiempo.

Ya salió el soly no, nos queda tiempo para amarnos.
Mi corazón arrugado por el dolor
ha quedado sin ganas de soñarte.
No nos queda tiempo ya,
para viajar a esa estrella
que nos miraba al amanecer
la fuente bravía de nuestros amor.
Tampoco para ese viaje por el Edén
cuando exhausta estaba mi piel
de tus besos encantados.
Y el retoño de tu amar
crecía y crecía,
con la pasión de cada día.
Hoy grito en el umbral de mis existencias
y reconozco la imprudencia
de amarte en tiempos perdidos
con fuegos de pasiones y laberintos.

Melodías del alma.

Mi alma es música,
tonadas de amor,
pentagramas del ser,
que se convierte en pleitesía.

Mi alma es la música
traspasando los sentidos
es como ave en su nido
bañada por ambrosías.

Ella va llenándome de sonidos
que provocan la emoción,
es la sagrada conjugación
del arte divino y florido.

Es música hecha poesía
porque mezcla la miel con el dolor,
es la fragua quemando el pudor
que vive en mis entrañas,
mas allá de la pasión.

La boca.

La boca muy sonrosada
emite gritos de placer
es como la dicha del ser
que inunda la madrugada.

Sueña la boca con primicias
cobijando el amor a su manera,
envuelta es una brasa placentera
viviendo albores con delicias.

La boca con sus mimos y ternuras
logra su sueño delirante,
siente la calidez exuberante
del placer de sus penurias.

Boca con sabor a granadas
hechicera y embrujada,
luz divina que vive bañada
por el puñal que la tiene atravesada.

La mañana.

En la mañana el aroma del lirio
su fragancia me regaló
al ver mi rostro cantó
con arpegios y delirios.

Y mi sangre muy enamorada
por esa hermosa presencia
se lleno de éxtasis por la ausencia
de un beso por la boca deseada.

Encendida en la mañana callada
senti latir fuerte mi corazón
desatando toda su pasión
al llegar triunfante la alborada.

Y como manantial que se crece
me avienta mi corazón por pesada
a conseguir la meta deseada
porque si no las ganas se desvanecen.

A lo lejos.

Se va meciendo una barca
en la bahía de azul cristal
y una ventisca helada se cine a mi piel.
Hay bandadas de pájaros
desplegando sus alas
hacia un remanso de nubes
que ocultan sus silencios
detrás de la montaña nevada.

Hay paz en mi mente
y el crepitar de las hojas marchitas
me persuade a fugarme
en la ebriedad de un clarinete
que se escucha a lo lejos.
Calidez y murmullo,
derrumban en mis suspiros
y me van recordando
que ha llegado la hora del amor.

Imagino.

Imaginando tu piel
como resbala entre mis dedos
voy jugando en la noche
a ser luna blanca.
Imagino que eres la marea
arrullando mi alma
como las olas de espumas
en el atardecer con sus brumas.

Imagino tus locuras en el ocaso,
un dulce te quiero,
y tu cuerpo en mis brazos.
Imagino mi piel morena
rasgada por tu afilada barba
y quejidos de amor
que acelera mis aguas.

De tanto imaginar
me duelen mis noches
cuando cae la luna
y se rompe en reproches.

Con los colores del arco iris.

Me bordaré un manto
con los colores del arco iris
y caminaré en el sendero
que cubre la oscuridad.

Iré derramando a cada paso
esencias de los amaneceres
dibujados en mi mente
por los siglos de los siglos.

Danzaré libre…
Tan libre como el viento
cuando cruza los colores del arco iris,
por esos parajes cubiertos de flores.

Y una vez más agradeceré a la luz
que sacia mi alma
dibujando cielos azules
y sueños planos de amor.

Volvamos.

Volvamos alma mía a gritar con alegría.
Volvamos a preñar las estrellas
que sin miedo brillan en el cielo,
Volvamos con luz propia
emitiendo belleza y calor.
Volvamos donde comenzó todo.
Allá donde amanece el sol
y los pájaros cantan
dando paso a la nueva alborada.
Volvamos amor, volvamos.

Temores.

En el etéreo paisaje
se esfuman mis temores
en un gran laberinto de pasiones.
Y una blanca mariposa con su equipaje
vuela hacia la primavera,
colgada de sus realidades
en una nochebuena
Con sus temores a cuesta
ella va clamando justicia
y abrazando la paz muy generosa.

Ella en su vuelo cura sus heridas
con dulces suspiros,
con las ausencias que duelen.
Temores que dejan de exigir
mas allá del horizonte
donde desfila una blanca sonrisa
bañada por el sol.

La luna.

Camina con majestad suprema,
pasea, brilla, brilla como un gran faro
enamorando a la noche que quema
feliz, como abrasando con gran descaro.

Con deseos en el silencio nocturno,
infinitos sueños de misterios se alzan
en la noche, tibia de amores de turnos,
por los delirios y locuras se ensalzan.

Ella es faro en las ensombrecidas noches
cuando hay ausencias salvaje de los besos,
va titilando en el cielo, como broche
iluminando a los moribundos presos.

Presos de un desgraciado amor en tinieblas
que se inquietan cubiertos de la amargura,
por traviesos y falsos besos de nieblas
que calientan el lecho, con gran premura.

Así la luna, esfinge eterna, una diosa,
doncella de la noche, dama de sueños,
Astro que enamora la razón, mimosa,
nos ilumina con locura de ensueño.

Fuego de una rosa.

Con fuego que desea liberarse
de la sutil garra del erotismo
saturando los mas negros instintos
por ardores que anhelan levantarse.

Es el fuego de un alma muy activa,
excesos consumidos en aromas,
locos desvaríos por una rosa
amante por secretos que cautiva.

Son juegos desbordantes de lascivias
que enardecen las llamas muy furiosas,
por la sed seducida por caricias.

Deseos de presencias temerosas
que recorren los cuerpos con delicias,
por la intensidad de un alma asombrosa.

Te digo adiós.

Te digo adiós entre penas
aunque yo vea alboradas,
que renacen sin dilemas
entre letras desveladas.

Adiós, confío en el tiempo
que tu aliento ame mi ser,
lloro al embrujo de versos
donde vuelvo a recaer.

Te digo adiós y como hembra
busco versos sin excusas,
de artimañas en mi siembra
con agallas inconclusas.

Adiós, roto corazón
mi alma llena de locura,
mi vida esta sin razón
soy noche mustia sin luna.

Amor.

Dulce verdad de mis sueños
que perfumas mi jardín,
amor que no tiene frenos
con sus besos de carmín.

Amor con tu aire respiro,
bellezas en todo encierras,
le das descanso y suspiro
a mis deseos de guerras.

Tu amor es el camino
que embellece mi armonía,
es inocencia del destino

con un toque de alegría.
Asi se viste de divino,
el amor de mi poesía.

Como un mar embravecido.

El mar no estará en calma
Porque así no está mi alma,
El mar me cuida y me acaricia
Regalándome una sonrisa.
Sus aguas son bravas
Con muchos remolinos,
Que murmuran y cantan.

Mi alma se asemeja al mar,
es un ciclón, una tempestad.
Siempre estoy en medio de tormentas
porqué sufro de arrebatos,
sufro de amor y también de pasión,
entonces se me nubla el cerebro
y enloquezco.

Agonizo como el mar embravecido,
con temporales entre mis piernas
y también en mis sentidos.
A veces siento como todo mi ser
quiere salirse de mi piel,
y meterse en tí, en tú fuego,
con gran desespero,
haciéndote sentir
como una fiera en celo.

Como un libro abierto

Como un libro abierto
así es mi vida
lleno de mágicos momentos
con temor y ardor...
Tristezas y alegrías
locuras y arrebatos.
Como un libro abierto,
no con hojas en blancos
pero con miedo,
porque ...
A veces creo que no puedo.

Como un libro abierto,
así es mi vida,
así voy quedando en espera,
a ver quien llega.
Quien viene a tocar mi puerta,
si es la dicha o el dolor,
la cruel angustia o el amor.

Tú eres mi poesía.

Tú eres mi poesía
El que hace rimar mi corazón,
Quien me llenas de armonía
Y rebosas de pasión.

Eres toda mi Vida,
La forma más pura,
Que vive en mí,
Eres la esencia que anida,
La dulzura y bondad,
Que convierte mis sueños en realidad.

Eres el fuego del más allá
Del origen de toda creación,
Eres la fantasía que jamás,
Podrá olvidar mi corazón,
Porque te has tatuado en el,
Para no irte más!
Con un rico sabor a miel,
Te has fundido en mi piel.

Este amor.

Este beso que apenas roza mi boca,
es pasión de un alma loca,
que evoca mis sentidos,
con amor y delirios.

Esas manos que se deslizan caliente,
recorriendo toda mi fuente,
calman ese fuego,
que crece en tu ego.

Y te ríes como un niño,
al dejarme sin aliento,
porqué sabes lo que siento,
aquí en mi corazón,
cuándo me hablas con pasión.

Que malo eres
que juegas con mi amor,
sabiendo que tus olvidos,
descontrolan mi razón.

¡Y somos tan felices!
Porqué nuestro amor no es fantasía,
ni travesura en nuestra mente.
Es un sentir irreverente.
que nos llena de poesía.

Tú y yo.

Tú y yo sómos seres,
llenos de fuertes pasiones,
qué delirán y sangran,
cómo bellas almas que aman.

Tenemos deseos anclados,
en el puerto del ayer,
qué aún medio muerto,
se revelan sobre volando,
con ganas de renacer.

Porque tu amor es mío,
y cada véz qué te miro,
de tus labios salen brasas,
con dulces desvarios,
qué surgen de la nada.

Y sómos vida y amor,
cómo mariposa y flor,
qué sus almas se embelesan,
cúando vuelan y se besan.

Tú eres mi sueño cautivador,
el amor que tanto he soñado,
mi loca noche de pasión,
el hombre que tanto he amado.

Este amor por ti.

He dejado correr mi amor por ti,
cómo se desliza el agua por mi cuerpo,
haciendo de ti el poema más sublime,
de ese deseo que no puedo borrar.
Porque te he hecho hoy mío!
y sólo vivo para este amor verdadero,
que me acaricia como brasas de fuego,
y enciende el placer excitante,
consumiendo todo mi anhelo.

Este amor es cómo la luz divina,
qué cautiva las pasiones de seducción
abrazando mi mente y mi alma.
Y es esa sensibilidad,
que deja tu perfume en mi piel,
y hace explotar mi húmedad,
bajo la lluvia de sentimientos,
con sensaciones que producen
todos nuestros pensamientos.

Rey del pecado.

Ven mi amor adorado,
dulce rey del pecado,
hombre que desborda su pasión,
trae tu fuego y candor,
y entregame todo ese amor.

Ven pedacito de cielo,
a mis brazos con esmero.
Ven aqui amorcito,
muy despacio y pegadito.
Ven al volcán dormido,
a despertar con tu fuego
y que arda con denuedo.

Ven mi Rey del pecado
con tu magia encantadora,
porque eres el fruto deseado,
de esta alma que te adora.
Ven mi loco corazón,
aenseñarme las estrellas,
ven, hazme perder la razón,
en esta noche tibia y bella.

Así eres amor.

Dulce y agresivo
así es tu corazón,
como oleajes de ternuras,
palabras con rica miel
que acaricia el alma
muy temprano en mi cama.
Así eres amor ...
Gigante de sentimientos
duende de bellos susurros,
misterio y pasión
así eres mi gran amor.

Así eres amor...
Como mirar una estrella
angel que recorre el cielo,
sol escurridizo que se esconde
besando el cerro.
Así eres amor ...
Luna de plata
que alumbra mi cama
en noche azul estrellada
muy bien dibujada.

Así eres amor ...
Aire que va y viene
atravesando muros
abarcando mi espacio,
mi tiempo y mi mundo.

Alas a la imaginación.

Le pongo alas a mi imaginación
y te veo llegar.
Escondido bajo el viento
por mi piel como un tímido insecto.
Ojala fuera el Sol en tus mañanas,
que acaricia tu rostro.
Ojala yo fuera luna
en tus noches de soledad,
para velarte el sueño
y ser parte de tu humanidad.

Que locura al hacerme desvariar
imaginar que algún día me pudierás soñar
soñar y tan solo que este amor
podamos alimentar.
Y así escondida bajo el viento,
desnuda y arropada ante él ,
libre y fuera de mí,
como árbol en mis impulsos
enamorada de ti
mi cuerpo fenece a gusto
Por el fuego que forjas en mi.

Noche de clamor.

En esta noche de clamor
me derramaré en tus brazos
envolviéndome en amor y deseos
disolviendo mi esencia en tu lecho.
Habra clamor esta noche
Te sentiré cerca de mi cuerpo
acariciando mis antojos
encendiendo rojas mis mejillas
con el ropaje de tus carnes.
En el clamor de la noche
Me introduciré al voraz fuego
y a la delicadeza de tu cuerpo
me llenare a excesos
del néctar ardiente de tus deseos.
Esta noche sera de divino clamor
Tus labios se perderán en mi selva
gravitando en placeres hondos
con encendida flama desenfrenada
a ritmo cadencioso
y como gran oleaje en mi playa
entraras hasta la garganta.
Solo en el clamor de esta noche
Entrelazados al frenesí
de incendios inagotables
y gritos en derroches
nos empaparemos de felicidad.

Sublime.

Mientras acaricio tu espalda
te empapo con besos de amor,
y flujos pasionados entre mis faldas
van deslizándose hacia ti, sin temor.
Como una gran corriente de río,
te arrastro en mis caudales soñados,
acariciado en mis brazos de delirios
por sueños de luz entregados.

Y no se, si soy río o mar embravecido
mientras navegas en mis aguas,
con el mástil de tu nave erguido
enarbolando la bandera de tus fraguas.
Y es un remanso de trazos para mi alma
como un soplo de vida o' polvo de tierra,
invisible o filosófico, llega la calma
cuando a mojar mi cuerpo te aferras.

El árbol

Muy dentro va dejando de ser...
el sol ya no le saluda con su luz
un corazón que pierde su miel.
Despojado cargando su cruz
el árbol gime como muriendo
meciendo sus ramas al viento.

El invierno va cubriendo cada una
de sus ramas que nunca corrieron
escapando de la soledad y el frío
cruel camino irremediable destino,
con cantos anidando su corazón
y a pesar del desconsuelo
late el amor bajo el frío hielo.

El día viste un paisaje inmaculado
donde las sombras son blancas
no existe vida, ni pasado,
ni hojas, porque yacen arrancadas
inertes por el frío al oscurecer.
Se delata fehacientemente
que el tiempo ha dejado de correr
y aún así hay denuedo en su cimiente.

Hojas secas

El viento arrastra
las hojas secas del otoño,
bloqueando el camino
que cruza nuestros destinos
y como lluvia de oro
caen con dulce melancolía.

Son como recuerdos
que viene a mi mente
me besan y se apagan
pereciendo en el tiempo
mustio, mutilado y frío.
Vacío es mi destino
como esas hojas secas.

Esas hojas secas
que titilan al compás
de nostalgias y recuerdos
hacen latir mi corazón,
que deambula en el aire
como estas simples hojas
viejas y secas del otoño .

Como el viento.

Nuestro amor se desvaneció
silencioso en la noche oscura,
como lo hace el viento
con ciega amargura.

Así oscilamos tú y yo
como vida y muerte
rodando como dados
una y otra vez más.

Ya no existe el ayer
solo silencios y lágrimas
porque el viento se llevó mis rosas,
mis sueños y mi alma.

Desvaneció con terror mis sonrisas
y la magia de este amor,
que voló muy de prisa
sin sabor y olor...
Por esos tristes caminos
que nos trazó el destino.

En una tarde así

En una tarde así vi caer el sol
no puedo contener la melancolía,
al recordar el triste adiós
que dejó en mis ojos tu partida.
Hoy al caer el sol
me asaltó el dolor
llorando por recuerdos del ayer
cuando el amor no quería perder.

Hoy entre sombras vi desvanecer
dudas y emociones,
quejas de tristes lamentos
que van perdiéndose en el tiempo.
Fue una tarde así tan hermosa
que tu amor voló como mariposa,
por temor a enamorarte
el corazón me arrancaste.
Ahora pienso que nunca más
mi alma volverá a amar,
que no podré olvidar tu partida
por ser tú el amor de mi vida.

Aquí estoy evocando recuerdos
Con mi negro duelo,
nostalgias que estremecen
a mi alma inocente.
En una tarde así abandonaste el nido
me negaste tu cariño,
después de haberme amado
y mis labios haber besado.

Penitencia.

Apenas eres como un dibujo
que se va diluyendo en mi mente,
una figura tenue como embrujo
que va lastimando dulcemente.

Tan contundente es tu olvido
como tropiezo a la tristeza eternal,
vas arañando mi alma con tu vacío
con lamentos de dolor infernal.

Desprecios que apagan mis sentidos
provocan aullidos lastimeros
reclamos de labios secos y vacíos
envueltos en la desidia de anhelos.

Tantas censuras crueles por amarte
por afectos que condenan mi alma,
cuántas renuncias por besarte
fraguadas de penas al alba.

Impetuosas mis delirantes sábanas
enmudecidas a los ojos de tu ausencia,
y unas miradas lujuriosas aclaman
su último suspiro en penitencia.

Escribo versos.

Escribo versos porque si,
porque en las noches lo necesito.
El escribir me apasiona
aunque ya este todo escrito.

Escribo, y voy siguiendo mis escritos
cada verso se dibuja en mi ser,
es como si el amor me convidara a crecer
cuando le escribo versos al infinito.

Voy escribiendo versos bajo la luz de luna
que alumbra la faz de la noche
y pienso que gran fortuna
cuando la veo pasear con su broche.

Escribo poesías porque es alimento
a mi dulce alma encadenada
que quiere salir volando en la noche
cuando las lagrimas mojan la almohada.

Escribo con un canto al amor
para que se iluminen los universos.
Canto y le escribo en versos
para que renazca la nueva flor
que han muerto por desviejos.

En el silencio.

El aire en la madrugada
trae en su aliento un lamento
que se desliza en el medio del silencio
llorando notas de por el desaliento.

Lloran las cuerdas de una guitarra en el tiempo.
Dolor y tristezas desgranan la soledad de la noche,
es un grito a los universos
porque el dolor se ha hecho violento.

Luto y dolor se pierden en la noche
quejidos moribundos arrastrados por el viento.
Es tanto el dolor que se convierte en eco
por deseos moribundos,
que se pierden a lo lejos,
silencio noche que no quiero;
Que mi lamento se lo lleve el viento.

Amanece.

Amanece sobre mi cuerpo
y unos finos rayos de sol
van recorriendo mi silueta
bañada en sombras.
Son como cristales luminosos
cada rayo que penetra mi piel,
me hace sentir viva
y ella palpita
al contraste de su marcha.

Amanece con silencios,
por el desvanecer de la luna en lo alto.
Y se asoma una lagrima por mi rostro.
Los aires del viento tocan a mi ventana,
devolviendo el día;
Y el deseo de vivir.

Embelesos.

Bajo el reluciente sol de primavera,
van brillando nuevas flores
con sus colores besan mi piel de antaño.
Cuando llega cada año la primavera,
los enamorados se cubren con el aroma de las flores.

El rocío henchido de emoción
le da luz e inspiración
a las guirnaldas azules
van olvidando las cicatrices
que el invierno les dejó.

Y así va reinando la primavera
con un beso almibarado
bajo el cielo cubierto de flores
que con murmullos y temores
se asoma a la ventana.

Aguas del mar.

Se acerca con sus aguas
envolviendo mi piel morena
con su encaje blanco de penas,
el mar va rodeando mis caderas.

Y me acoge entre sus olas
me lleva y me regresa
y canta una vieja tonada.
El mar con su murmullo
de aromas y breas
me acuna con sus encajes de sal.

Ay mar, que con tu vestir de algas,
me dejes soñar.
Cubre mi alma con tu color,
mar delicia de los marineros
acércame a ese velero
que está muriendo en la playa.
Ay mar, tu eres mi soñar,
mi delicia y mi sueño de cristal.

Sentada en un rincón.

Sentada en un rincón
me lleno de melancolía.
Si acaso mis dones,
es la fuente de mis tormentos.
¿Para que quiero dones entonces?

Mis dones;
Deberían ser el manantial de vida
y no causarme penas;
Si al hablar nadie entiende mi tema,
porque voy por la vida
solo causando problemas.

Y sigo todavía sentada en este rincón,
y pienso en esta algarabía
donde se enciende el alma.
Ella es una antorcha enfurecida
en el dilema del corazón
que grita a los cuatros vientos
en medio de mis lamentos.

La noche.

Era una hermosa noche
de luna llena y radiante
cuando me encontré con él,
iba con su traje de luces
adornado de oro y plata
y una mirada;
más negra que la noche.

Fue una noche de magia
tan solo un instante de fraguas.
Henchidas quedaron nuestras alas
y volamos al amanecer.

Una luna plateada en medio del cielo
fue nuestro techo,
y las amapolas rojas nuestro lecho.
No podíamos entender lo que pasaba,
pero pasaba.
Seria la noche o la luz divina
con sus hilos de plata
que sellaron nuestros labios
al salir el alba.

Primavera en la pradera.

Brotan de la nieve blanca
violetas y guirnaldas
Y unas esmeraldas
abrazan la banca.

Hay soplos de vida en la pradera
que deshielan el crudo invierno
con flores las viste el eterno
porque no quiere que muera.

Así se despierta con ilusión
el nuevo día de primavera
y los pájaros en la pradera
regalan una sinfonía con pasión.

Y muy guapa y plácida
se volverá la vegetación
cuando el viejo naranjo lleno de unción
a todos con su aroma adormecido.

Un ángel caido.

Es un ángel caído
el que llora en mi ventana.
Las lágrimas son perlas negras
que corren por su faz.
El ángel se ha enamorado
del lucero del amanecer
y tal ha sido su pena
porque le ha negado su querer.
No llores angelito
que tu lamento es como ambrosía
que se mezcla con alevosía
aquí en el alma mía.
Tus lágrimas es una poesía
mezcla de miel y amargura
que se fragua entre mis venas
y encadena el alma mía.

Desnúdame.

Ven, desnúdame lentamente
besa mi alma,
roza mis pechos.
Deslízate por mi cuerpo
con tus dedos de terciopelos.
Desnúdame,
con ese placer infinito
que libera mis senos prisioneros
con dulce gemidos.
Desnúdame,
que yo abriré mi rosa
que es la mas hermosa
para que bebas
su néctar
hoy, mañana y siempre.

Cabalgando.

Con un grito que arranca el corazón
por el amante perfecto de mi cuerpo
que va besando mis pezones erectos
por una noche de espera triunfal.
Voy saboreando su deseo
como si fuera una copa de cristal
de vino que quema la sangre
cubriéndome en un éxtasis de hembra.
Me voy acercando al lecho que me espera
con dulce néctar de mieles,
por brasas ardientes que me queman.
Es el sabor de su larga lengua
que me quema sin tregua
en la noche despiadada,
que me hace cabalgar como amazona
en una danza salvaje rumbo a la guerra.

Mis labios.

Mis labios callan en la noche,
ellos no juzgan,
no gritan,
se quedan atorados en el tiempo.
Mis labios no besan,
aunque va flotando en tu perfume
en el aire.
no emiten palabra alguna.
Ellos tiemblan como zombis
en sus recuerdos de primavera.

¿Que ha pasado?
No tienen cura,
van muriendo...
Ellos no acarician tu cuerpo,
perecen en la soledad.
Mis labios van a dormir en paz
porque su agonía no tiene final.

Paloma.

Se le apagó el brillo de sus ojos
Una noche de verano
Se le acabo su primavera
cuando fue roto su corazón.
Así fue como sus labios
tomaron la caducidad del amor.

El olor a soledad
fue su perfume de cada día
y sus rosas marchitas
no volvieron a florecer
porque fue una paloma
en las garras de un gavilán.

Cada mañana.

Cada mañana se amarraba amapolas
a su larga cabellera azabache.
Bordaba con hilo fino
rosas a su alma
y ramilletes de estrellas
dormían en su almohada
esperando que él volviera.
Así vivía abandonada
con todos los besos enredados
en sus labios.
De esa manera se fue alejando de la luz
porque cada mañana.
viajaba con las soledades
de todos sus universos.
En sus noches oscuras
buscaba el amor hecho fantasía
que dormia en cada rincón de su cuarto.
Mientras el miedo se aferraba
cada día más a ella
y ella cada mañana
 renacia una y otra vez.

Primavera Gris.

Cantaré al amor en mi lecho angustiado
atada en la espera que besa mis horas,
invocando oraciones con salmos apagados
con silencios de mustias auroras.

Sangrada la voz que muerde el quejido
herida frágil que supura al rencor,
burla escondida de un loco descuido
cicatrices guardando un fiero dolor.

Cantaré versos enlutando sus besos,
cómo un eclipse de amor en su ida,
para calmar de sombras y embelesos
el candor negro de su despedida.

Durmiendo en su regazo anhelaba la gloría
cómo primavera gris buscando su honra,
sepultada en el recuerdo de su memoria
mustia en el tiempo de todas sus horas.

Claro de Luna.

Vitral es reflejada en el agua
es ventana abierta a la brisa.
Vibrante con velo se desliza
con rubores y blanca enagua

Ataviada con collar de perlas
una majestad de alma suprema.
Va paseando por la alamedas
del cielo lleno de estrellas.

Noche sutil de claro de luna
escúchame , voz de los vientos;
Tú que te agazapas en las dunas,
trae la dama de la laguna.
Astro dulce del firmamento,
que nos regala amor y fortuna.

El clavel de patio.

¿Madre, recuerdas el clavel del patio?
Esa flor solitaria que sembraste un día,
cuando agonizaban sus pétalos.
¡Esa flor que dio vida, a otras flores!
Así ha florecido mi vida con los años madre.
Me he preñado con frutos
qué pensé que no merecía.
He dado vida a la alegría
escondida en mi tristeza.
Se han quebrado por los frutos mis manos
cómo se quebraron las ramas del clavel del patio.
Y todo ha sido gracias a tus oraciones
y consejos madre.
A tus oraciones a Dios, madre,
ellas han sido escuchadas.
Por eso hoy sólo tengo un deseo madre,
y es que tú vida sea más tranquila
que lo que era antes cuando estaba yo cerca.
Y yo sé que mucha falta me haces madre.
Porque está distancia nunca termina
así cómo es tu amor por mi,
que nunca acabará madre.
Porque hasta más allá de la tumba, madre,
siempre tú presencia me acompañará.

Besos moribundos.

Tengo unos besos moribundos
hambrientos de vida,
mendigan el calor
dulces labios y pasión.

Ellos buscan una boca que besar
¡Tengan compasión!
Porque ninguna ha encontrado
y mueren de dolor.

Se marchitan a diario,
por culpa de una boca
que voló como canario
y su sentir evoca.

Ahora ellos viven callados
Y... Yo les digo;
Besen otros labios,
no sean amargados.

Vayan y siembren rosas rojas
que ya llegó la primavera,
y también verdes hojas
para que renazca su rivera.

Allá en el horizonte.

En el horizonte viejo.
Dónde se duerme la luna,
el sol sale y desayuna
con gran alegría y festejo.

Allá dónde nada importa.
Dónde va naciendo el fuego,
y se muere el desosiego
la belleza nos exhorta.

Amar la naturaleza.
Cómo un eterno verano,
y a tomarnos de la mano
llenándonos de nobleza.

Allá el sol abraza lento
para acabar con la prisa,
y contagiarnos de risa
en este mundo violento.

Llegó el otoño.

Hoy que ya tus abrazos se han marchado
y me consume el fuego de mi hoguera,
acostumbrada a tu cuerpo templado
llueven tristes mis ojos por tu espera.

Melancólicos ojos por amor
se embisten de todas esas memorias,
por el mal tenebroso y fingidor
recuerda flébil sus largas historias.

Con ese frío lleno de silencio
deshabilitado de tu presencia,
construye metáforas que evidencio
un apenado dolor por tu ausencia

Llega el otoño y yo estoy sin tus besos
mis flores se marchitan de dolor,
gris mi alma, muere por los embelesos
porque la vida robo su color.

Cuando te conocí.

Cuando te conocí mi mundo era letal
era un laberinto de sueños
sujeto por las traiciones.
Esperaba en mi ventana
cada noche quien me salvara
de esos besos malditos
que martillaban mi mente.
Cuando te conocí,
esperaba cada atardecer
en el alto cerro
a la luna aparecer.
Cantaba canciones de dolor
En mis noches frías
y un deseo de fuego
se pintaba en mis sabanas
que dejaban intactas mis fantasías
en cada atardecer de poesías.

Danzaba la niña.

Danzaba la niña hermosa
en la noche por la emoción,
llevaba puesto vestido rosa
y gran fuego en su corazón.
.

Danzaba su alma dichosa
divina alma y alucinante,
era como una mariposa
con su fuego desbordante.

Marcada por su dulce amor
se deslizaba entre prosas,
su baile era con pasión
porque llevaba olor a rosas.

Danzó hasta morir la luna
moviendo su largo cabello,
danzó alegre con dulzura
con su hermoso vestido nuevo.

La vida.

La vida es un dolor muy grande
que saborea la indiferencia.
La vida te deja sentada
a la orilla del camino,
te llena de sueños
y de enemigos.

La vida es un interminable verano
con un calor exuberante
Que queda tu ser
Y te pone patas para arriba.
La vida cuando se marcha
ya es para no volver...
La vida es una margarita en la cabellera
que te da alegrías y pesar
Cuando sus pétalos se han caído
Es porque ya no te han de querer.

Ella, te mata y te lleva a su morada
y te impide allí descansar.

Ella, te arrastra sin miedo por los campos sin piedad
y no te cumple sus promesas porque
no le importas tu para na'.
La vida es un deseo de aromas
por mar de amapolas que se duerme en el tiempo.

Cuando te vas.

Cuando te vas,
dejan de latir mis versos
y se queda un gran vacío en mi alma.
Me quedo prendida en mi soledad
y revivo mis días felices.
Me muero de amor y me voy sumergiendo
con peso firme en tu retorno.
Entre mis abismos y miedos
el adiós se muere de risa
en cada olvido tuyo.
En mi corazón herido
llueven esperas
Que como ríos
alborotan la primavera
y se visten de flores
las penas encadenadas a tu nombre.

Entre lloros y viejos sueños

Hoy se consumen todos mis besos
mi cuerpo varado en el puerto del olvido,
no responde a los versos.
Hoy mi alma lloró porque su amor se ha ido.
Hoy con pasos cansados
te he buscado y no te he encontrado
mis labios duermen en un rincón de sueños.
Hoy aún permanece intacto tu recuerdo.

Y entre llantos y viejos sueños
se desvela el tiempo perdido,
el que no llegó a detenerse
porque la ilusión ha desfallecido.
Hoy brota el amor por mis poros
mi cuerpo consumido implora,
el deseo de escribir un poema
pero mi soledad hoy llora.

Embelesada esta mi eterna ilusión
por lágrimas que no pudieron deslizarse.
Hoy ya mis ojos se han secado
cuando calló mi voz al denigrarse.
Se silencian hoy mis versos
Porque mi alma llora ausencias,
enlutada en este día por tu amor
sangrando de olvidos gime mi corazón.

Al final del alba.

Y todo terminó
como una quimera,
en el sendero perdido
tras pisar tus huellas.
La tierra se oscureció
se apagaron sus luces
y brillaron las estrellas,
con un sueño varado
y una desesperanza ciega.

Dime, como te repliegas
y vistes tus sentimientos
con el miedo.
¿Por qué te abrazas
a esa soledad que congoja tu mente?
Y te cercas a esa cárcel de tinieblas
reforzando las ataduras
de los miedos que te pueblan.

Que importa el llanto,
o la risa,
si gano o pierdo,
si sufro o muero,
por tu mendigo amor,
si te vas,
al final de cada alba nueva.

En medio de la tristeza.

No concibo llorarle al viento
porque se lleva mis palabras
no concibo tal desdicha
cuando resuena la añoranza.
Pero el viento es cruel y traicionero
y me susurra fuerte al oído
deslizándose con embrujo
por mi piel de tristeza.
Y yo como blanca luna
sin amante en medio de las tinieblas
con la luz de tus ojos
impregnada en mi alma.
Y así un triste gozo
y una melancólica lágrima
que se me va muriendo a media cara.

No es un día cualquiera.

La brisa un poco caprichosa
con aliento y muy lozana,
se contonea en la tarde.
Con su sed de libertad,
no ha hecho el equipaje
y se corretea por los caminos.
De pronto, toca mi ventana
como torbellino y...
Murmura a su paso...
Lleva mirada apresurada
respirando sueños florecidos,
de herejías fervientes.
Hay gozo en sus sueños,
que huelen a primaveras.
Ha reverdecido el amor,
y ondula la pasión,
como agua en la fuente.
Las hojas de los árboles,
se mueven.
La luz resplandece.
¡Hoy, no es un día cualquiera!

Noches.

Eran noches oscuras solitarias,
angustiosas noches y arbitrarias,
sólo un hálito de luz llega de una imagen,
viene a mi mente de los que parten.

Quizás esta noche no volverá a ser,
como aquellas tristes del ayer,
gritos que desgarraban mi alma,
y una soledad que me arrancaba la piel.

Noches con crueles remordimientos,
libererando este triste encantamiento,
lágrimas iracundas al viento,
en un mundo de desconciertos.

Noches que adherian hábitos,
porque el sueño y la ilusión,
acariciaban el desamor
hasta perder la razòn.

El brillo de la luna.

Cuándo brilla la luna
con sus zarcillos plateados
la noche es como manto de ternura
y refugio para los enamorados.
Su brillo es perpetuo
avivando lo prohibido en el alto cielo.
Las estrellas temblorosas
seducen los cuerpos,
y ese hermoso fuego
las enloquecen una y mil veces.
Cuando la luna juega,
su juego de amor
los enamorados locos,
sueñan con la pasión.
Y en un breve momento
se embelesa el alma
y ese eminente brillo
nos hace pensar;
¡Que donde habita el amor,
los sueños están por realizar!

Eres mi locura.

Como gotas jóvenes del rocío
que desmayan en la noche su muerte,
así se desmaya mi alma, amor mío,
por lo ansiosa que ella vive por verte.

Y es que tu cuerpo dulce primavera
es delicia que lleva a la locura,
con una cintura cascabelera
como rayo que besa con ternura.

Siento tus besos como fiero viento
que va esculpiendo mi piel como roca,
salvajes labios, amantes y hambrientos
con deseos del placer que sofoca.

Eres la fuente de pasión mi amado
donde descansa mi alma adolorida
el dulce lecho para mi añorado
por cada uno de mis días, por vida.

Es alli.

Es alli donde te sueño
en mis noches de quietud
que la soledad se vuelve triste
y asombra mis miedos.

Es alli cuando no espero nada
donde estoy atada a la desidia
porque el calor sofoca tu ausencia
ytu sonrisa guardada en un cajon.

Alli donde la brisa levanta
el clamor del nuevo dia
y la sombra oscura vuelve a mi
es alli, donde vuelves tu.

Alli cautivas mis alegrias con penas
mis deseos se vuelven cadenas
por completar tu sonrisa
que se esconde en el oleo del ayer.

Un día trataron.

Un día trataron quemar mis versos
en una pira de malos criterios,
un día trataron desbaratar mis sueños
con la maldad y el egoísmo.

Un día trataron condenar mis letras
con palabras y satíricas críticas,
un día trataron humillarme
con malos augurios, pero no pudieron.

Un día trataron cerrarme una puerta
con simples silencios y dramáticos olvidos,
con morbosas manchas y ruines insultos
pero con esas acciones tampoco pudieron.

Y es que aunque traten no podrán lógrarlo
porque mis fieles letras jamás se rinden
ellas laboriosas siguen rasgando papeles
con la santa y sana bendición de su tinta.

Como explicar.

Como explicar este arte que quema
y es un sobresalto interno
que recorre y desordena
mi cuerpo ardiente y eterno.

Como explicar un grito sin gritar
un incendio o un estallido
el temblor de mis versos tan atrevido
que no soy capaz de explicar.

Como explicar todo este dilema
entre mis teclas fivrolas en celos
como percibir todo el sistema
en el engranaje oculto de mi duelo.

Y hago silencio en el mundo del sosiego
cuando escribo en el papel de mi vida
porque me gusta escapar de mi trasiego
al escribir el arte de mi herida.

Mañana de otoño.

Se cristaliza la mañana en el otoño
con la lluvia que cae del cielo
y va despertando el perfume
en la voz de cada poeta.

Llega la alborada noble y casta
vestida de su belleza intensa
rojizos, anaranjados y oros
vienen a ensalmar el otoño.

Es la inmortalidad que renace
de un anocher intenso e incierto
como estela que desambula
al recordar su herencia de gloria.

Y asi despunta el alba enamorada
con cantos y esencias florales
y hermosas mariposas multicolores
liban los petalos de las enramadas.

Como verdugo entre miradas

En el silencio se conduce mi alma
como verdugo entre miradas
ella despierta sola y enojada
por la falta de tus caricias.

Ella camina en la noche oscura
y sus pensamientos se crecen
al imaginar todos tus besos
como los ha perdido hoy en día.

Mi alma llora a cada momento
por el recuerdo que aún perdura
dulces palabras o susurros
que como la lluvia no aparece.

Mi alma te dibuja en el silencio
entre suspiros como mariposas
que vuelan al impasible frio
y sueña cada noche con tu sentir.

Caminé

Caminé buscando la esperanza
en por el mundo arrastrando mi cruz
buscaba la alegría entre las manchas
sin saber que moría sin la luz.

Te busqué en el calor donde había frio
sin conmover el corazón callado
que moría en el tiempo imperfecto
por los daños de un ayer soñado.

Te busqué y no encontré nada
porque los suenos se marchitaron
en triste noche callada
y el mal sabor en los labios.

Te busqué y busqué y no te encontré
porque nunca habías estado
busqué tu presencia en todos lados
pero tu ausencia siempre estuvo aquí.

ÉL.

El era un hombre
perdido en el silencio
sus manos abrazaban la cólera
sus ojos color mortecino
desafiaban las miradas.
El no quería morir
pero moría a cada instante;
moría por todas las culpas ajenas,
que un día heredo,
murió con sus pecados
que un día adquirió.
El ya no hacia el amor
porque vivía en el dolor.
El se perdía en cada cuerpo
que buscaba la pasión.
El se me apareció una noche
para decirme adiós.
Que perdonara su desapego
que siempre el mostró.
Su visita fue breve entre las sombras,
pero llena de amor.
Su visita de disculpas por lo que no me dio
y esa noche fue eterna y tuvo mi perdón.

Tú eres.

He vivido la aventura de tu amor a mi lado
jamas pensé amar de la forma que te amo,
luz de dicha que ilumina mi sendero dorado
eres mi canto, la poesía mi cielo estrellado.

Eres la magia viva de mi verdad
el rostro sereno que trasmite la calma,
besos y caricias que alimentan el alma
sueños de una noche encantada.
Tú eres los labios de dulce tentación,
el fuego de brazas en mi interior
huracán bravo para tu amada...

Tú eres la brisa de voz que me nombra
sol iluminado en el centro del cielo
lago de fuego como macho en celo.
Serás ese amor eterno
como luna nueva brillando en el cielo,
y aunque vengan tempestades y truenos
seguiremos juntos en un solo vuelo.

Primavera en derroches.

Cómo atardeceres enamorados
de lunas perdidas en la noche,
llega mi amor a tu vida
como primavera en derroches.
Como cristal reflejado
en tus momentos nocturnos,
soy el deseo más ansiado
que te hace vagar moribundo.

Yo soy tu beso más esperado
el que grita en tu silencio,
ese que eriza tu piel
y te hace estremecer.
Soy la voz que se funde en ti,
la que te deja un fuerte sabor
con aromas que viven en mí.

Tu arco iris soy yo,
tu mundo de amor, tu luz y poesía.
yo soy esa fuerte locura
el brillo que tiene tu luna.

Soy la poesía que duerme
En el gigantesco frio
con regueros de amor que nutren
la mariposa en flor
cuando llega tu primavera
Soy esa, tuu hechicera o tu diosa,
tus pétalos rojos de rosas.

Al amanecer.

La mañana se viste como ancho cristal
con radiantes gotas de rocío
y un color transparente
la cubre como carne con ansias germinal
besando en su purísima desnudez
el aire cálido que abraza
un mar infinito de azul terciopelo.
El suave murmullo que embruja
como dulce susurro que reclama
y envuelve a todos con paños de seda
en esta magistral la mañana,
el amanecer cobija y abraza
como lluvia de ternuras entre sonrisas.
Alma sensible al ritmo de las olas
baila como frágil hoja sobre mi piel morena
y travieso se desliza a mi lado.
Me acaricia el amanecer
brillantes naranjas, rojo, y amarillo,
son perfectos a mis tez.
El reflejo de luz invade mi alma
se adentra en mi sentir la paz de la mañana
y una divina esclavitud me hace soñar
con esos besos robados de una noche
perdida en el tiempo que ya no volverá.

Asombroso mar.

Mar callado que sacudes el alma
vas arrastrando tus olas de espumas,
acaricias con corales de calma
como los suspiros entre las brumas.

En tus entrañas mar busco el dolor
que se encadena sutil en mi todo,
con aliento vacío desertor
que va galopando en mi, algo incomodo.

Eres mar asombroso por tus saltos
delineas los tiempos a tu modo,
una inspiración para el soñador

que se mece en tus olas de rubor.
Mar de balanceos y gran periodo
de agitados llantos y amores faltos.

Grito que ahoga.

Deseo confiar al mundo entero
el gemir de mi canto
porque para no perder el encanto,
y aniquilar mi razón
mi llanto brotará hoy del corazón.
Siento ese dolor y me estremezco
solamente pienso escapar de su acecho.
Es un dolor que angustia tanto,
un grito de ansiedad
en mis noches de lloros y quebrantos.
Dolor que define mi ira
y yo, no soy nadie ante el hecho
aunque no quiera detener mi furia
puedo frenar el miedo
para detener mi angustia.
Pero siento que por ese dolor vivo
porque si no lo tengo muero.
¡Más ese grito que ahoga
maravilloso y traicionero
es por el que estoy llorando ahora!

Ya llega la alborada.

La brisa fresca del amanecer
anuncia sus melodias en el aire
mientras los rayos del sol
besan las flores blancas del jardin.
Voy mirando atravez de mi ventana
unas ramas secar por encima de la cornisa
y unas hojarascas de colores
se acumulan en la acera.

Tus recuerdos llegan con el alba
como trigo fresco en dia de siega
y se apegan a la estela del horizonte
cuando llegan volando las palomas.
Con dorados, anaranjados y amarillos
va llegando la alborada desde lejos
y muy despampanante se convierte en lírica
al gemir cada letra en mi poema.

Ella va destilando amor.

Mujer que sabe lo que es el amor,
no hay sombras en su amanecer.
Ella va destilando amor y no lastre
porque no hay molestias en su pensar
ni en su caminar desgaste.
Ella va ventilando sus hermosuras
de su boca sólo salen flores
para servir con amor a sus semejantes.

¿Escuchas?
Sientes ese cantar de finura
cómo pentagrama de la Luna
que al compás de su armadura
va destilando el amor con su dulzura.
Ella vive cada espacio a su altura,
ella es musa por sus bondades
porque con su resplandor transforma
los problemas en oportunidades.

Así renace la mujer de un sueño,
tú, escúchale a cada momento
porque deja su ser impreso
con mensajes y caricias,
de todos secretos y silencios,
que duermen en sus inviernos.

Sólo es mi silencio.

Entre el silencio sofocante del dia voy guardando con
pensamientos el tiempo que llevo en esta tierra.
Mi pensamiento es mi breve espacio, el más íntimo,
el que nadie puede profanar.
Es alli donde soy libre y sólo se comprende cuando se
ha sido esclava de tantas ilusiones y engaños que nos
ha reservado la vida a veces por la ingenuidad, la
compasión hacia otros o el orgullo de uno mismo que
muchas veces es nuestro principal enemigo, pero ese
es el que muchas veces elegimos vivir.

Me gusta el silencio, lo busco, lo disfrutó, lo
consiento y siempre trato de estar en silencio
mirando como el mundo se mueve tal y como fuera
un corto del cine del viejo oeste.
Allí en ese silencio donde nosotros, humanos, la raza
más inteligente del planeta, con mejor razocinio, los
valiosos y dominadores seres, que sólo nos movemos
por estímulos vanos que nos impone la sociedad.

¿Por que adquirimos esos impulsos artificiales?
Esos terribles anhelos de grandeza y queremos
destruir a todo el mundo principalmente a los más
débiles o los que creemos sean más débiles.
Sólo es mi silencio quién me lleva a desvelarme en
esos pensamientos y alguien podría decir que no
tengo fe y yo le contestaria que si, qué la fe es lo que
me mantiene en pie todavia.
La luz de Dios es el equilibrio y el amor que vive en mi
interior.

Yo desearía salir de este caparazón iluminada y despertar a otros que duermen todavía. Decirles ¡Despierta! Sólo despierta, mira hacia la luz, que esa es la única luz que puede apagar la oscuridad que habita en nosotros.

¿Qué importancia tiene?

En las penumbras de la noche, solo conmigo,
hay una llama débil, efímera como el tiempo,
es tan frágil como yo,
pero alumbra estas pálidas letras que escribo...
Pienso, sólo puedo pensar en la brevedad de este
amor, de las cosas, en la finitud de cada acto, que
dura lo que un parpadeo.
Después de todo;
la oscuridad es mi propio hábitat.
La noche se va entregando a mí como yo a ella,
porque ambas nos necesitamos.
Siento que quizás para no ver lo imposible, o quizás
para no recordar hoy tu recuerdo...
Sólo nos diferencia el tímido reflejo de una llama
encendida, próxima a perecer,
como todo convirtiéndose en nada...

Renuncio.

A cada paso reflexiono,
y me encuentro conmigo en este instante,
y entonces viene a mí la decepción,
un desánimo previo al momento depresivo que,
el día sin piedad, tiene reservado para mi.
Reflexiono y no me ofrezco nada.
Es poco lo que hay hoy en mi,
no es nada en nada
y me permito estar despierta
al amanecer para abrir mis alas de poeta.
Sin gozar del descanso que otorgaba la noche.
Renuncio a la vida,
a las palabras escritas con ese palabrerío
caligrafiando bondades y agradecimientos
que no han sido nada.
Renuncio a esta condición humana,
que me define a ser mejor,
porque solo he sido,
 una piedra mas en tu zapato.

Indice.